통기타 노래 부르기 2부 . 스마트폰 거치대 설치안내!

1

적색선을 따라 준비된 칼을 이용해
절단하세요!
이때 접는선표시(----)는
절단하시 마세요!
(주의)절단시 손을 다치지않게
주의 하시기 바랍니다.
아래 그림순서와 같이 설치하세요!

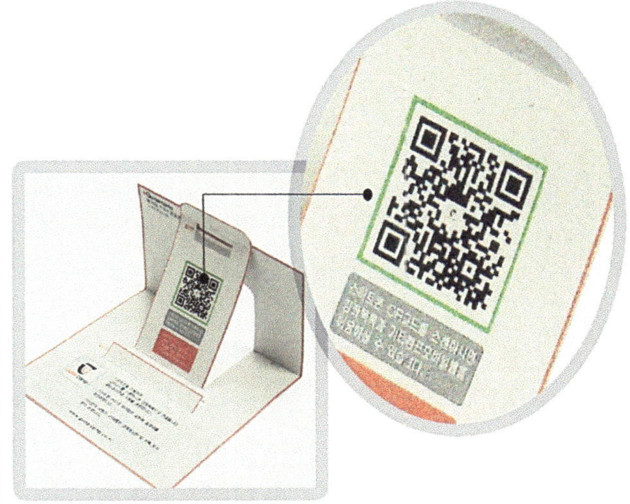

2

3

4

5

(주의)설치가 완료된 거치대에
스마트폰은 세로가 아닌
가로로 꼭 거치하시기 바랍니다.
세로로 거치시 쓰러질 수 있습니다.

회원님 스마트폰으로 거치대 중간 QR코드를
스캔하시면 별도 인증없이 동영상강좌 페이지로
바로 이동 합니다!

QR코드 스캔이 안될시 www.guitarcamp.kr 기타캠프
모바일웹으로 직접 연결 바랍니다.

"통.노.부 2부" 버튼 터치후
인증번호 페이지에서
인증번호를 입력하세요
(와이파이 연결을 권장합니다)

인증번호 : 28074562

인증 후 강좌리스트 페이지로 연결됩니다.
강좌리스트 제목을 터치하면
동영상강좌를 이용 하실 수 있습니다.
(단, 스마트폰모델과 설정관계로 인하여
강좌가 다운로드 될 수 있습니다.
강좌다운로드시 내파일에서 이용가능 합니다.)

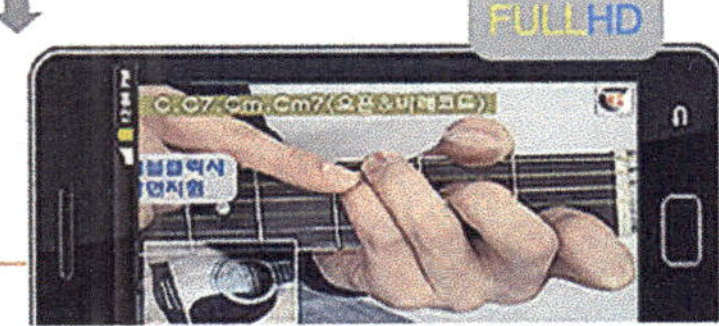

- Rain Drop -

작사 : 고현기
작곡 : 고현기
노래 : IU(아이유)
편곡 : GuitarCamp

IU(아이유) 의 '잔소리' (2010.06)수록곡

아직 도 멀기 - 만 한-데 - 우산도 - 없이 - 감기걸릴 - 것만같아 - 이 길이
햇살 아래짜 - 증내-고 - 뒤돌아 - 서버린내어 - 리석음 - 예전처럼
- 너 에-게로돌 - 아갈수있는길이면 - 젖어도 좋은데 - oh rain drop
- 우산-을들고 - 서있는너를본다면 - 참좋을 것같아 -
oh rain drop 사 랑이참모 - 자 라 구나- oh rain drop oh rain drop 사 랑은저빗 - 방울처럼- 모두
까 많 게잇 - 어버리고- 젖어 버리고선 아파하 - 는감-기같 은걸 까요

oh - yeah - ah - ah - 지난 여름날
쉽게 내 쳐버-린말- 야속 했댄얘-기로- 많이 상처 받았을- 네가슴 이지만- 오 아직도내
- 가있-다 면- 그안에내 - 가있-다 면- 젖은 발로 달려 가고만- 싶어 - oh rain drop
oh rain drop 사랑이참모 - 자라구나 oh rain drop oh rain drop 사랑은저빛 - 방울 처럼- 정말

까 맣 게잇 -어버리고- 젖어 버리고선 아파하 -는 감-기같 은걸 까요
그런 못 된감 기같-은 걸 까요 - 내사 랑은 항-상왜- 이럴 까요
이야 -이야- 이야- 이야-이 야

- 그땐 미처 알지 못했지 -

이적의 '2적' (2003.5)수록곡

작사 : 이 적
작곡 : 이 적
노래 : 이 적
편곡 : GuitarCamp

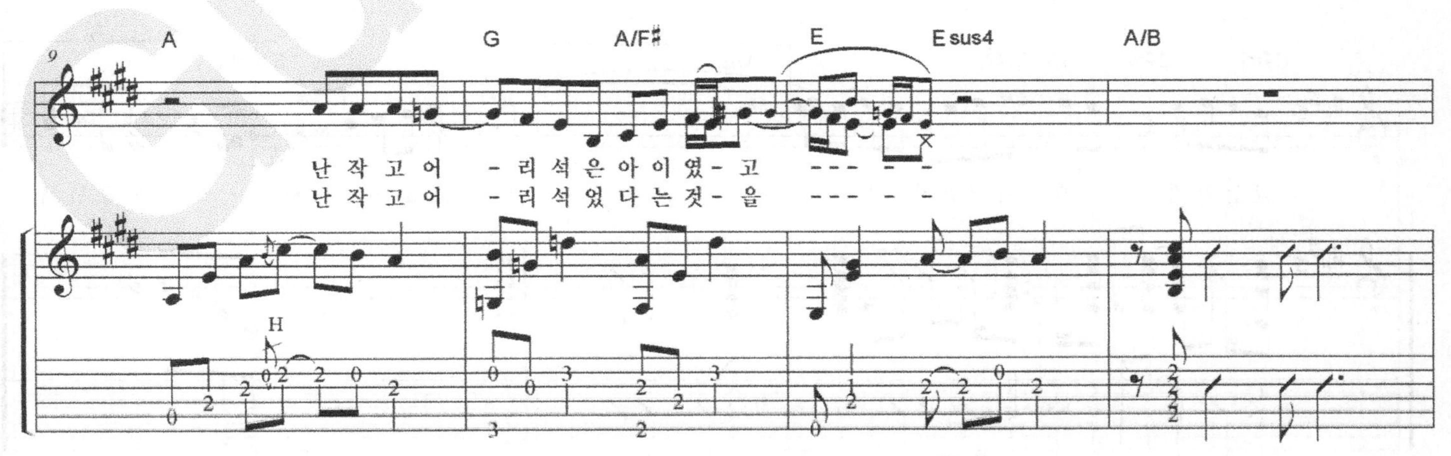

그땐 미처 알지 못했지

E(add2)
/G#
F#m7
열병처럼 --- 사랑에취해버 -리 고 -
술에취해 집을향하던봄 - 날 에 -
A
G
A/F#
E
심술궂게 -그맘을내팽개쳤 지 -
물결처럼 -가슴이일렁거렸 지 -
내가버린 건
F#m7
G#m7
C#m
F#m7
G#m7
C#m
F#m7
-어떠한 사랑인지- 생애 한번 뜨건설 렘인-지- 두번 다시 또오지
G#m7
C#m
C M7
1 A/B
E(add9)
않는건지 그 땐 미처알지못했 -지- -- oh no - no - no --- 오랜뒤에

2 A/B   F#m7   G#m7   C#m   F#m7   G#m7   C#m
- 우내가놓 아 버린건 어떠한 사랑인지 생애 한번- 뜨건설 렘 안-지- 두번
F#m7   G#m7   C#m   CM7   A/B
다시- 또오지 않는건지- 그땐 미처알지못했-지- - 예예예예예
F#m7   G#m7   C#m   F#m7   G#m7   C#m
- 예 예
F#m7   G#m7   C#m   CM7   A/B

4/통기타
그땐 미처 알지 못했지
F#m7
G#m7
C#m
F#m7
G#m7
C#m
(그 때 는 미 처)
(그 때 는 미 처)
F#m7
G#m7
C#m
C M7
A/B
(그 때 는 미 처)
no - - -
F#m7
G#m7
C#m
F#m7
G#m7
C#m
no - - - - -
뚜 루 - - - - -
F#m7
G#m7
C#m
C M7
A/B

F#m7
G#m7
C#m
F#m7
G#m7
C#m
F.O.

- 200% -

작사 : 이찬혁
작곡 : 이찬혁
노래 : 악동뮤지션(AKMU)
편곡 : GuitarCamp

악동뮤지션(AKMU)의 'PLAY'(2014.04) 수록곡

200%

침이깨 는 소리mor-ning-바람 -들은makes har mo-ny 저물 -어가는달 빛은let it go- 여물 -어가는romance 꿈꾸고-
hey baby it's comin' new-day 남,여)새 로운느 껍이-야이 건 여)hey 왜이래 it's common love sick 남,여)아무래 도 이거는 이거는
it must be L O V E 이 백 per cent sure of that 여)I want you-really I mean real-ly - - - - - - -
남,여)정 말 이 야 널 좋 아 하 는 데 빨 갛 게 익 은 내 얼 굴 이 그걸 증 명 해

D♭M7
B♭m
남)나를봐 나를봐 나를 봐   날 -   바라봐 바라봐 바라 봐 -
D♭M7
B♭m
여)난 straw berry 처 럼 very ve - ry   상 큼한사 람 don't worry wo rry   어리바 리 한 그대주 위 사람   들은 모두다 이기주 의
남)very ve - ry   worrywo-rry   어리바 리 그대주 위   이기주 의
E♭m
G♭
A♭
여)밤 낮을걸으며   나와달 리 그들은   과시하지만 bad gu - y 자다가   일 어나잠 꼬대 - 로도널찾 네
남)밤 낮을걸으며 널 지 켜줄   그들은 차 키를   bad gu - y 자다가 일   아
D♭M7
B♭m
E 9
침이깨 는 소리mor - ning - 바람 - 들은makes har mo - ny - 저물 - 어가는달 빛은let it go - 여물 - 어가는romance 꿈꾸고 -

200%

he-llo 어디 가는거 -니- I'll be there 네가 있는그 거리- 아직 우리 사이 서 먹해도- 그래 도 try 는해봐야지나라 도-
- 처음이야이런기 분 넘 추질 못하겠어막 넘 쳐 누가 잠 가놓은듯내 입 은 네앞에서 오물쪼물안 열 려 여)내
부 름에-뒤 를- 돌아-보는네 두 눈을-보니 - ooh - ----3---- - see you to-mo- rrow -
- oh ba - by it can't be o-ver like this - someone help me 내 맘을전할수 있 다 면
남)oh ba - by someone help me

E♭m
남)
여) 사 실 은 나 널   좋 아 하 는 데   모 든 걸 담 은 이   눈 빛 이 그걸증 명 해
G♭
A♭
D♭M7
it must be L O V E   이 백 per cent sure of that   Iwantyou- reallyImeanreally - - - - -
B♭m
E9
E♭m
- 정 말 이 야 널   좋 아 하 는 데   빨 갛 게 익 은 내   얼 굴 이그걸증 명 해   it must be L O V E
G♭
A♭
D♭M7

- Now And Forever -

작사 : Richard Marx
작곡 : Richard Marx
노래 : Richard Marx
편곡 : GuitarCamp

Richard Marx의 'Then, Now & Forever(1994)' 수록곡

Now And Forever

C   B7   Em   Em/D   C#aug
I'll try to show - you each - and eve - ry way - I can - Now and for - ev-
Am7   Dsus4   D   G   Gsus4
- er -   I will be - your man - - -   Now I can rest-
Em   C   G   D   Em   C   G   D
- my wor - ries and al - ways be sure   that I won't - be a-lone   any - more - -
Em   C   G   D   Am7   Cm
If I'd on-ly known - you were - - there all the time   all this time   - - -

Now And Forever

Now And Forever
5/통기타
Am7
D
D sus4
D
- - - er
I will be -
your
P
H
C
Cm
G
G sus4
G
- man -

- Shape Of My Heart -

Sting의 'At the movie'(1997) 수록곡

Capo = 2 fret

작사 : Matthew Sumner Gordon & Dominic Miller
작곡 : Matthew Sumner Gordon & Dominic Miller
노래 : Sting
편곡 : GuitarCamp

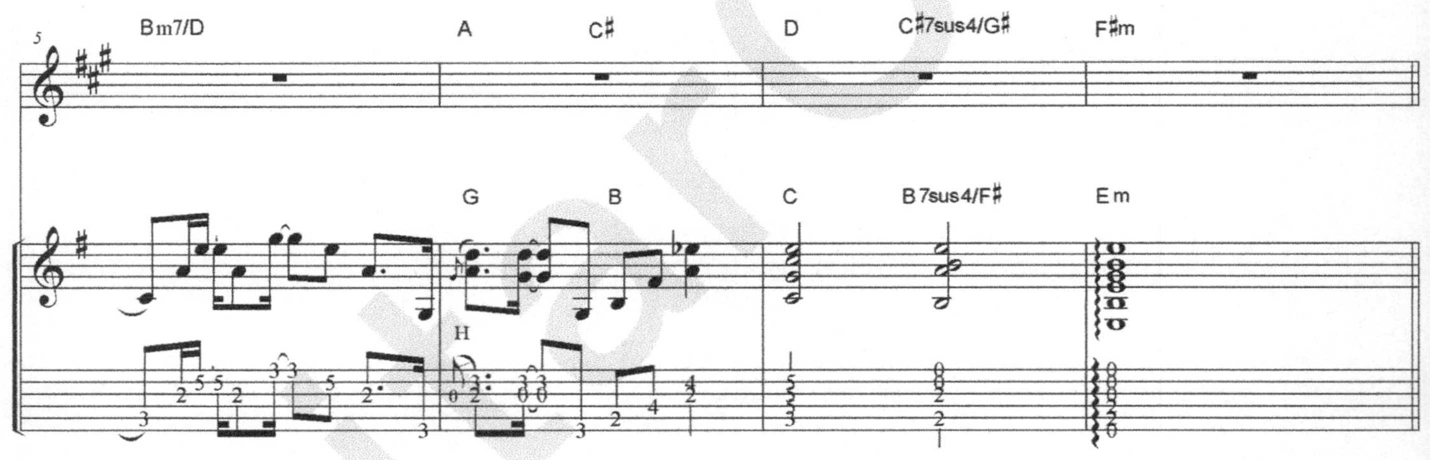

Shape Of My Heart

I know that spades are the swords of a sol - dier
I know that the clubs are weapons of
war
I know that dia - monds mean money for - this art -
That's not - the shape of - my heart -
He may play the jack of
dia - mon - ds
He may lay the queen of spades

Shape Of My Heart

Shape Of My Heart
5/통기타
shape
the shape of - my
heart
저작권 : www.guitarcamp.co.kr / www.guitarcamp.kr / 무단 복제 및 배포를 허용 하지 않습니다.

Shape Of My Heart

Bm7/D
A
C#
D
C#7sus4/G#
Like those who curse their luck   in   too   ma ny pla - ces
And those who fear are lo - st
G
B
C
B7sus4/F#
H
F#m
2 D   C#7sus4/G#   F#m
D
That's not - the shape of - my   heart - -
heart - - That's
Em
C   B7sus4/F#   Em
C
C#7sus4/G#
F#m   C#m/E
shape
- - the shape of - my   heart - -
B7sus4/F#
Em   Bm/D
Bm7   C#7sus4 C#   F#m   C#m/E   Bm7   C#7sus4 C#   F#m
rit.
Am7   B7sus4 B   Em   Bm/D   Am7   B7sus4 B   Em
Harm.

- Falling Slowly -

영화 'Once'(2007.09)OST 수록곡

작사 : Glen Hansard, Marketa Irglova
작곡 : Glen Hansard, Marketa Irglova
노래 : Glen Hansard, Marketa Irglova
편곡 : GuitarCamp

♩ = 68

강좌파트 - 1 . 인트로부분(intro)

강좌파트 - 2 . 노래부분

2/통기타
Falling Slowly
13 Am G F G Am G F
games that never a - mount to more than they're meant will play themselves out -
강좌파트 - 3 . 후렴부분
18 C F Am F
Take this sin - king boat and point it home We've still got time -
22 C F Am F
Raise your hope - ful voice you have a choice You've made it now - -
27 C F C F
Fal - ling slow - ly eyes that know me and I can't go back And
저작권 : www.guitarcamp.co.kr / www.guitarcamp.kr / 무단 복제 및 배포를 허용 하지 않습니다.

C   F   C   F
moods that take me and e - rase me and I'm pain - ted black
Am   G   F   G   Am   G   F
You have suffered e - nough and warred with your - self It's time that you won -
C   F   Am   F
Take this sin - king boat and point it home We've still got time -
C   F   Am   F
Raise your hope - ful voice you have a choice You've made it now -

강좌파트 - 4 . 후주(엔딩)부분(Outro)

Fal - ling slow - ly sing your me - lo - dy I'll sing a - long -
- - - oh - - La - ri ra - - woouh -
now you're gone-

C   F   Am   F
C   F   Am   F
F
F

F
C
F
C
F
C

- 너에게 난 나에게 넌 -
자전거탄 풍경 1집 '자전거탄 풍경' (2001.10) 수록곡
작사 : 송봉주
작곡 : 송봉주
노래 : 자전거탄 풍경
편곡 : GuitarCamp
강좌파트 - 1 . 인트로부분(intro)
♩ = 74
G D Em Bm C G Am D
AG. 1
G D Em G7 C G Am D
강좌파트 - 2 . 노래부분
G D Em Bm C G Am D
너에게난 - 해질 녘 노을 - 처럼 - 한편의아 - 름다 - 운 추억 이 - 되 고 -
저작권 : www.guitarcamp.co.kr / www.guitarcamp.kr / 무단 복제 및 배포를 허용 하지 않습니다.

너에게 난 나에게 넌

소중했던- 우리 푸 르던-날 을- 기억-하 며 - 음 후 회없-이 그림 처-럼 남 아주-기 를
- 나에게넌- 내외롭던지-난 시-간 을 - 환하게비- 춰주-던 햇살 이-되 고-
조그많던- 너의-하-얀 손-위 에 - 빛나는보- 석처-럼 영원 의-약 속-이 되어
너에게난- 해질 녘 노을- 처럼- 한편의아- 름다-운 추억 이-되 고-

강좌파트 - 3 . 후렴부분

소중했던- 우리 푸르던-날 을- 기억-하 며 - 음 후 회없-이 그림 처-럼 남아주-기 를 -
나에게년-　초록의슬-픈 노-래 로 -　내작은가 슴속-에　이렇 게-남 아-

반짝이던- 너의예쁜- 눈 망-울 에 - 수많은별- 이되-어 영원 토-록 빛-나 고-싶 어
- 너에게난- 해질 녘 노을- 처럼- 한편의아- 름다-운 추억 이-되 고-
소중했던- 우리 푸 르던-날 을- 기억-하 며 - 음 후 회없-이 그림 처-럼 남 아주-기 를
- 너에게난- 해질 녘 노을- 처럼- 한편의아- 름다-운 추억 이-되 고-
(너에게난 - 우- - 아름다운 추억 이-되 고-

G   D   Em   G7   C   G
소중했던 -   우리 푸르던-날 을-기억-하며 -   음 후 회없 -이
소-중 했 던   우 - 리 기억 해-
강좌파트 - 4 . 후주(엔딩)부분(Outro)
Am   D   C   Em/B Am G D/F# Em   G
그 림 처 -럼   남 아 주 -기 를 -
그 림 처 -럼   남 아 주 -기 를 -)

- 먼지가 되어 -

김광석 추모 앨범 '김광석 Calssic 5th' (2001.04) 수록곡

작사 : 송문상
작곡 : 이대현
노래 : 김광석
편곡 : GuitarCamp

● 강좌파트 - 1 . 인트로부분(intro)

● 강좌파트 - 2 . 노래부분

먼지가 되어

13 Am /G /F# F E7 Am /G
내 조그만 공간 속에 추억-만 쌓이 고 까닭-모를 눈물 만이
H H H H H
16 /F# E7sus4 E7
아 른 거 리 네 - - 작은 가
H
19 Dm G C Am
- - 슴 - 모 - 두 모 - - 두 - 어 시를 써
23 Dm G C E7
- - 봐 도 모 자란 당 - 신 - - - 먼 지가

27
Dm
G
C
Am
- 되 어
날 -아 가 - - 야 -지 -
바람 애
31
Dm
G
C
To Coda
- - 날 려
당 신 곁 으로-
강좌파트 - 3 . 후렴부분
34
1 E7
Am
/G
/F#
F　E7　Am
/G
H
H
H
H
H
38
/F#
F
E7sus4
E7
2 E7
작 은 가 -
작 은 가
D.S. al Coda

강좌파트 - 4 . 후주(엔딩)부분(Outro)

둡 두루두 둡 두루두 둡 두루두 두 와

둡 두루두 둡 두루두 둡 두루두 두 와 둡 두루두 둡 두루두 둡 두루두 두 와

둡 두루두 둡 두루두 둡 두루두 두 와
F.O.

- 봄봄봄 -

로이킴의 '봄봄봄' (2013.04) 수록곡

Capo = 4 fret

작사 : 로이킴
작곡 : 로이킴
노래 : 로이킴
편곡 : GuitarCamp

● 강좌파트 - 1 . 인트로부분(intro)

● 강좌파트 - 2 . 노래부분

봄봄봄

살아 가-다 보-면 잇혀질 거라 했지만- ha,
그 말을 하-며 안-될 거란 걸-알 고있 었소-
그 대 여 - 너를쳐 음본-순 간 - 나는바로 알았 지-
그 대 여 - 나와함 께해-주 오 - 이봄이 가기-전 에

봄봄봄
3/통기타
(휘파람)
다시
봄 봄-봄 봄 이왔-네 요 - 그대없 었-던 내가 슴 - 시렸 던 겨울 을-지나 - 또
벗 꽃잎-이 피어나-듯 이 - 다시이 벤-치 에앉 아 - 추억 을 그 려 보 네 요
- 사랑 하-다 보-면 무 더 질 때 도 있 지만- ha,

봄봄봄
그 시간 마-저 사-랑 이란 걸-이 제 알았 소-
그 대 여 - 너를쳐 음본-순 간 - 나는바로 알았 지-
그 대 여 - 나와함 께해-주 오 - 이봄이 가기-전 에
강좌파트 - 3 . 후렴부분
우리그만 참-아 요- -이 -젠 더 이상 은- 망 설이 지-마 요

아팠던 날-들 은 -이 -제 뒤
로하고- 말할거-예 요
그 대 여 - 너를처 음본-순 간 - 나는바로 알았지 -
그 대 여 - 나와함 께해-주 오 - 이봄이 가기-전 에 -

봄봄봄

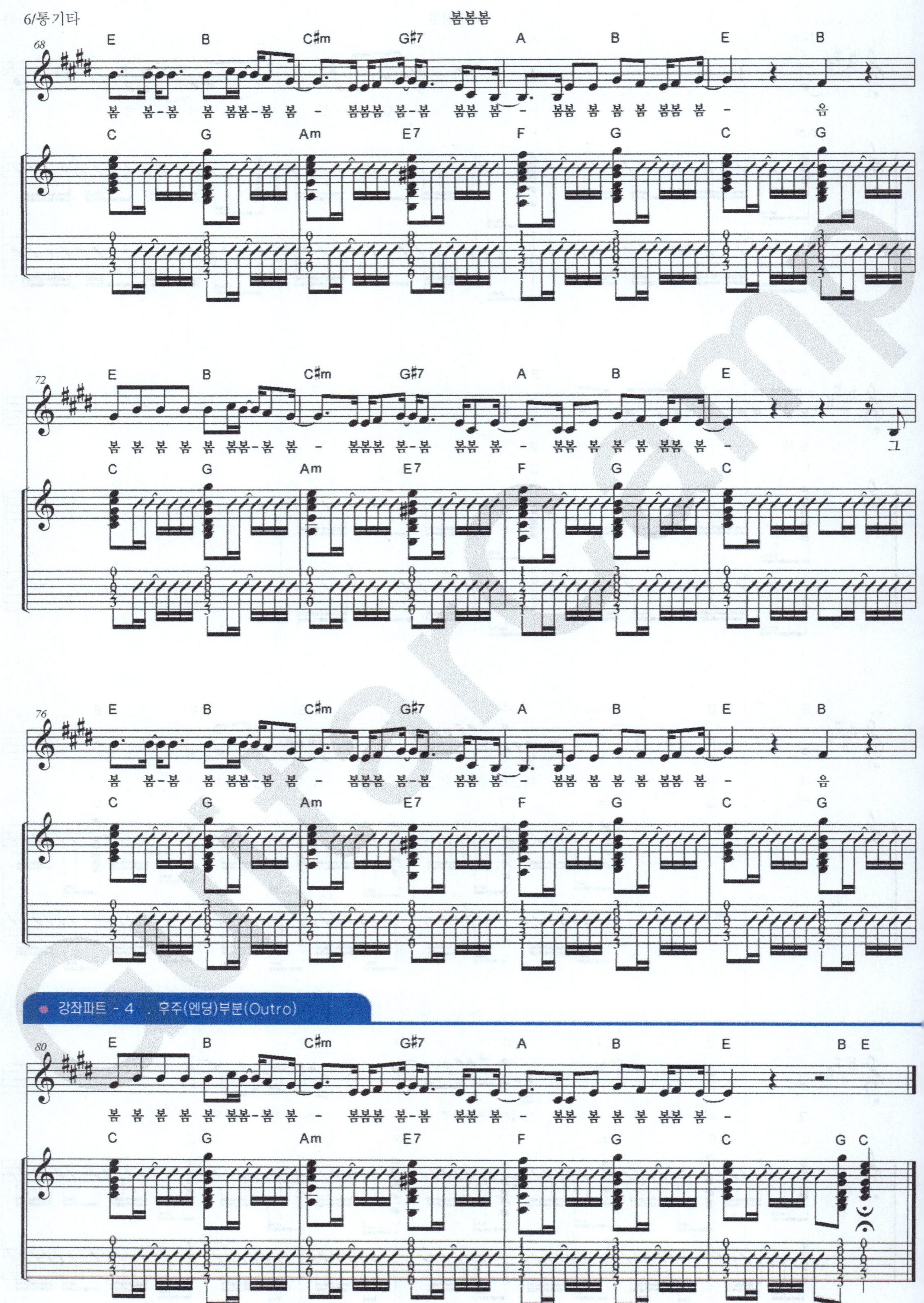

- 아메리카노 -

10cm의 싱글 '아메리카노' (2010.08)수록곡

작사 : 권정열,윤철종
작곡 : 권정열,윤철종
노래 : 10cm
편곡 : GuitarCamp

아메리카노
강좌파트 - 3 . 후렴부분
노 진해 - 진해 - 진해 - 어떻게하
노 깊어 - 깊어 - 깊어 - 어떻게하
노 시럽 - 시럽 - 시럽 - 빼고주세
노 설탕 - 설탕 - 설탕 - 빼고주세
요 요 빼고주세요 이쁜여자와
요 빼고주세요 여자친구와
담 배피고 - 차마실때 - - 매뉴판이
싸 우고서 - 바람필때 - - 다른여자와

복 잡해서 - 못고를때 -
입 맞추고 - 담배필때 -
사글세내고
마라톤하고
돈 없을때 - 밥대신에 -
감 질나게 - 목축일때 -
짜장면먹고
순대국먹고
후 식으로 -
후 식으로 -
아메 아메 아메 - 아메 아메
아메 아메 아메 - 아메 아메리카
아메 아메 아메 - 아메 아메

아메리카노

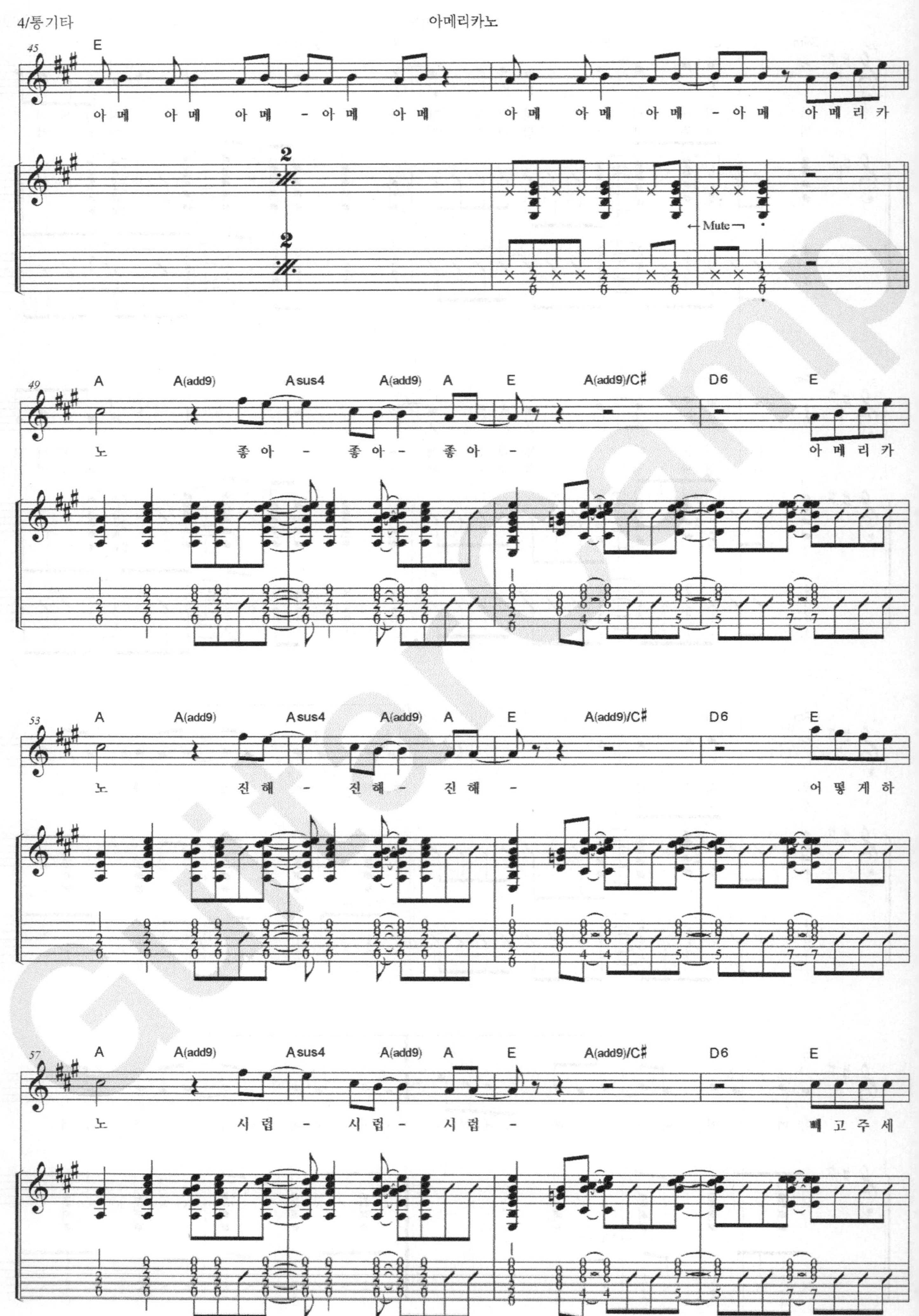

아메 아메 아메 - 아메 아메 아메 아메 아메 - 아메 아메리카
노 좋아 - 좋아 - 좋아 - 아메리카
노 진해 - 진해 - 진해 - 어떻게하
노 시럽 - 시럽 - 시럽 - 빼고주세

아메리카노

요 우
빼 고 주 세 요
빼 고 주 세
요 우
빼 고 주 세 요
아 메 아 메 아 메 - 아 메 아 메
아 메 아 메 아 메 - 아 메 아 메
Mute
아 메 아 메 아 메 - 아 메 아 메
아 메 아 메 아 메 - 아 메
Mute

- 금요일에 만나요 -
(Feat.장이정 of HISTORY)

아이유(IU)의 'Modern Times - Epilogue' (2013.12) 수록곡

작사 : 아이유(IU)
작곡 : 아이유(IU)
노래 : 아이유(IU)
편곡 : GuitarCamp

♩ = 80

● 강좌파트 - 1 . 인트로부분(intro)

● 강좌파트 - 2 . 노래부분

Bm7　E　Bm7　AM7
남)여)우　이번 주 금 요일-　우　- 금요일에시간 어 때요- -　주말까지
Bm7　E 9sus4　C#m7　F#m7　Bm7　E7　AM7
기 다 리긴힘들-어　여)시 간아 달-려 라-　시계-를 더 보채고 싶지-만 - -　mind- con trol　일분일초
Bm7　E 9sus4　C#m7　F#m7　Bm7　E7　AM7　A7
가　달콤-해　이 남 자 도대체뭐-야　사 랑 에　빠지지않곤못 배-기 겠 -어 -　온종일내
Bm7　E 9sus4　C#m7　F#m7　Bm7　E7　AM7　A7
맘　은저-기 시-계　바 늘 위에올라-타　한 칸 씩 그 대 에게-더 가-까 이 -

여)나
남)나   나나나나   나나나나 나 나 나   나   나나나나 -
여)루 루 루루루 루-루   루   루
여)라 라 라 라라-라 라 라 라 -
남)
우   이번 주 금 요일-   우   - 금요일에시간 어 때요- -   여)딱히
보 고 싶 은영-화 는-없지 -만 -   딱히 먹 고 싶 은메-뉴 는-없지 -만 -   주말까지

금요일에 만나요 (Feat. 장이정 Of HISTORY)
Bm7 E9sus4 C#m7 F#m7 Bm7 E7 AM7 A7
기 다 리긴힘들-어 시 간아 달-려 라- 시계-를 더 보 채고- 싶지-만 - - mind- con trol
일분일초
Bm7 E9sus4 C#m7 F#m7 Bm7 E7 AM7 A7
가 달콤-해 이 남 자 도대체뭐-야 사 랑 에 빠지지않곤못 배-기 겠 -어 - 온종일내
Bm7 E9sus4 C#m7 F#m7 Bm7 E7 AM7 A7
밤 은저-기 시-계 바 늘 위에올라-타 한 칸 씩 그 대 에게-더 가-까 이 - 남)나뭔가에홀
Bm7 E9sus4 C#m7 F#m7 Bm7 E7 AM7 A7
린 것갈-아 이 여 잔 도대체뭐-야 사 랑 해 주지않고는못 배-기 겠 -어 - 여)돌
남)돌

Bm7　E9sus4　C#m7　F#m7　Bm7　E7　AM7
아　오는-이 번-주　금 요 일에만나-요 그-날　내 밤을 더가-져 가-줘요 -
강좌파트 - 4 . 후주(엔딩)부분(Outro)
Bm7　E9sus4　C#m7　F#m7　Bm7　E7　AM7
남)더가 까 -이 -　　더가 까 -이 와 요-　더 가 까 이-
여)터 가 까-이　터 가 까-이 와 -요　터 가 까 이-
Bm7　E9sus4　C#m7　F#m7　Bm7　E7　AM7
남)
여) 라 라라 라-라　라　라라라- 라라-　라 라 라 라라-라 라-라 라 -

- 썸 -

(Feat.릴보이 of 긱스)

소유, 정기고의 '썸' (2014.02) 수록곡

작사 : 민연재 외4명
작곡 : 김도훈 외2명
노래 : 소유, 정기고
편곡 : GuitarCamp

● 강좌파트 - 1 . 인트로부분(intro)

● 강좌파트 - 2 . 노래부분

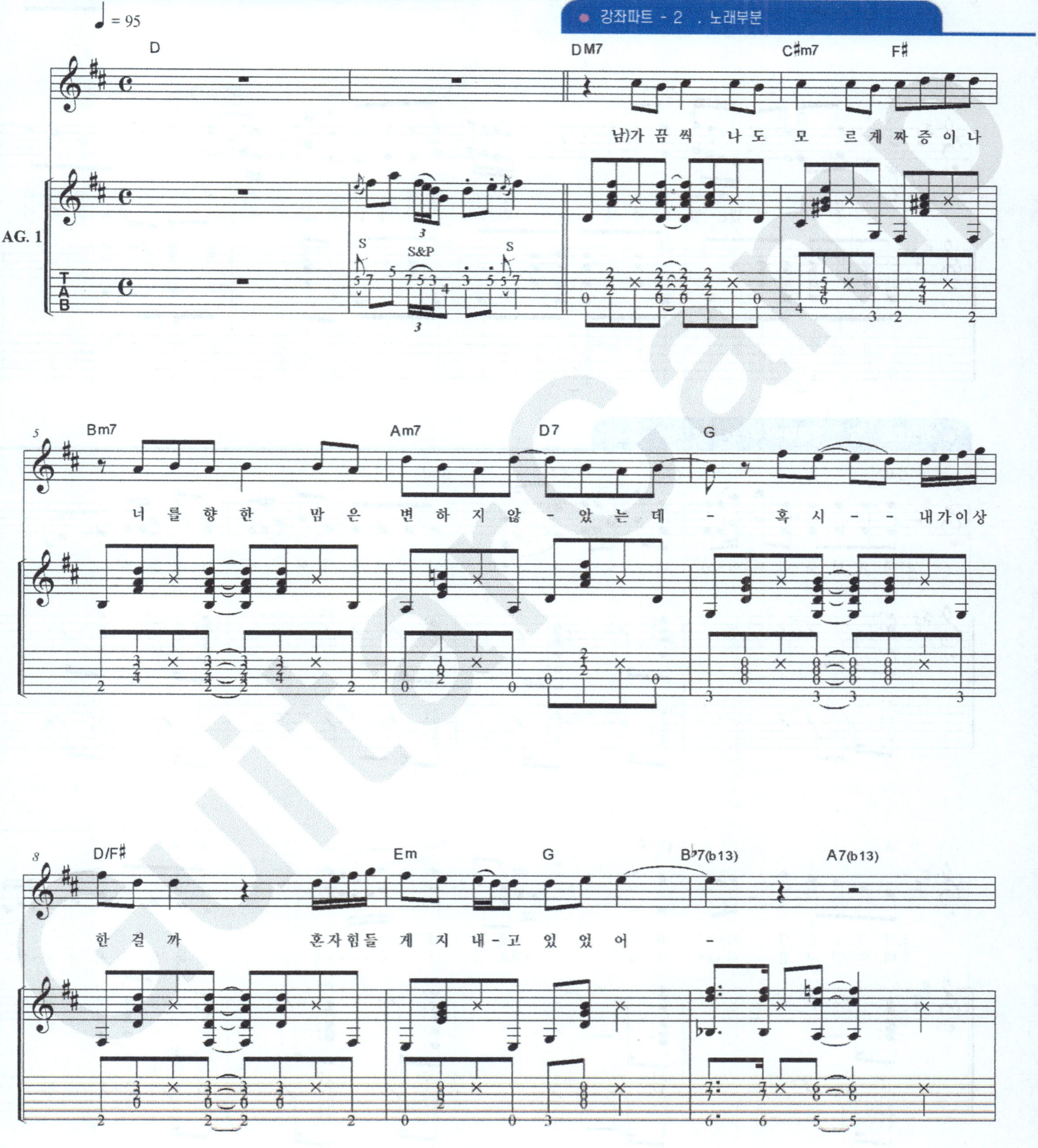

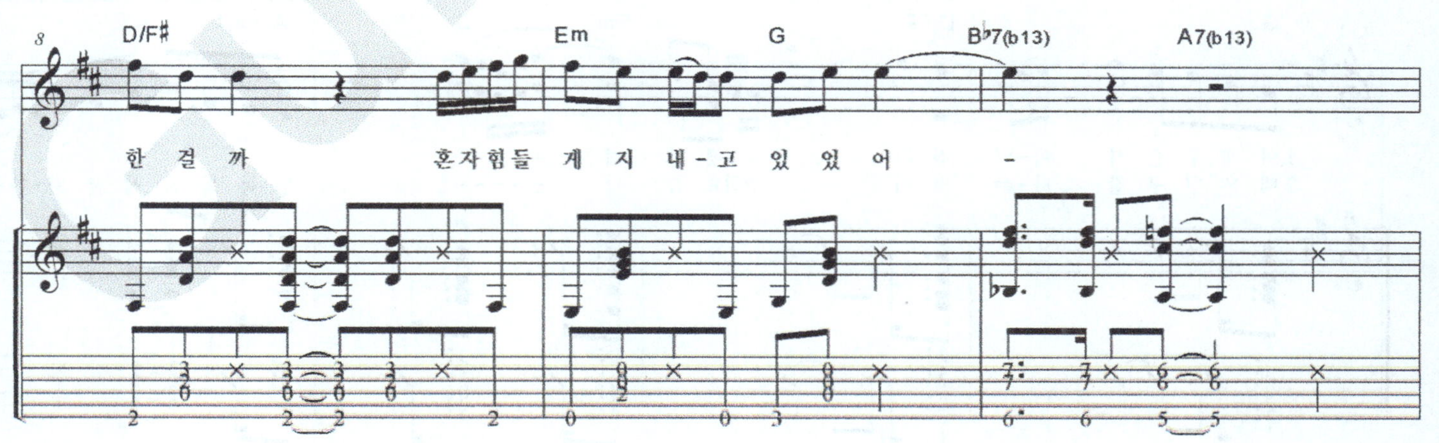

썸 (Feat. 릴보이 Of 긱스)

DM7　　C#m7　F#　Bm7 <2X>　Am7　D7

1.여)텅 빈 방 혼자 멍하니 뒤척이다 티비에는 어제 본 것 같은 - 드라마
2.여)매일 아침 너의 문자에 눈을 뜨고 남)하루 끝엔 니 목소리에 잠 - 들고파

G　D/F#　Em　G　Bb7(b13)　A7(b13)

잠 이 - 들 때까지 한번도 울리지 않는 핸드폰을 들 고 - - 남)요즘 따라
- 주 말 - 엔 많은 사람 속에서 보란듯이 널 끌어 안고 싶 어 - - 남)요즘 따라

강좌파트 - 3 . 후렴부분

DM7　C#m7　F#　Bm7　Am7　D7

남)내 꺼인 듯 내 꺼 아 - 닌 내 꺼 같 - 은 너 - - 여)니 꺼인 듯 니 꺼 아 - 닌 니 꺼 같 - 은 나 - -
여)

G　D/F#　Em　G　1 A7sus4　A7

1.이 게 무 슨 사 이 - 인 건 지 사실 햇갈 려 - - - - -
2.때 론 친 구 같 다 는 말 이 괜히 요 즘 난 - - - - - 무 뚝 뚝 하게 굴 지 - 마 -

연 인 인-듯-연 인 아-닌 연 인 같-은 너 --
- 연 인 아-닌 연 인 같-은 너 -- 나 만 볼-듯-에 매 하-게 날 대 하-는 너 --

때 론 친 구 같 다-는 말 이 괜히요 즘 난 ----- 듣 기 싫 어--졌 어
괜히요 즘 난 ----- 듣 기 싫 어--졌 어

듣 기 싫 어--졌 어 너 -- -- 요즘 너 별 로야- 너 별 로야- -
듣 기 싫 어--졌 어 너 -- -- 여)나 -- -- 근데 난 너 뿐야- 난너 뿐야- 우-

분 명 하 게 내 게 선-을 그 어 줘- 자 꾸 뒤 로 빼 지 말 고 날 사 랑 한 다 고백 해
여전히

썸 (Feat. 릴보이 Of 긱스)

강좌파트 - 4 . 후주(엔딩)부분(Outro)

- 그리워해요 -

2NE1의 '그리워해요' (2013.11) 수록곡

작사 : Teddy
작곡 : Teddy
노래 : 2NE1
편곡 : GuitarCamp

Am   C   F
아직너와난남 - 남 이 - 니 까 -　(우 - 우 우 우 -)
Am   C   F
어린애처럼보 - 채 지 - 좀 마 요　(우 - - - - -)
Am   C   F
아직시작도안 - 했 으 - 니 까 -
Dm   Am   G
(2X only)
아이들의 불 - 장 난 - 같은사 - 랑 은 - 싫 어 - 워 - - - -
-) 어른들의 계 - 산 적 - 인 - 사 - 랑 은 - 싫 어 - 워 - - -

Dm
Am
Bb
조 금 움 츠 려 있 - 을 뿐 - 야 난 - 괜 - 찮 - 아 -
살 짝 지 쳐 - 있 - 을 뿐 - 야 난 - 괜 - 찮 - 아 -
G
아 - 냐 사 - 실 난 -
아 - 냐 사 - 실 난 - - -
← Mute ┐
강좌파트 - 3 . 후렴부분
C
F
G
Em
나 를 떠 나 보 - 낸 그 가 아 - 직 너 무 - 미 - 워 요
C
F
G
Em
- 차 갑 게 식 어 버 - 린 내 가 슴 - 은 아 직 도 그 를

그리워해요

그리워해요 - 그리워해요 - 그리워 해요 - - - - -
그리워해요 - 그리워해요 - 어 - 우 -
그리워해요 - 그리워해요 - 어 - 우 -
그렇게 너무 밝 - 히 지 - 좀 마요 아 (우 - - - -)
세상은 원해 어 - 두 우 니 까 -
Mute →

Am　C　F
어쩜 그렇게해 -맑 게 -웃 어 요　　what　（우 - - - -）
Am　C　F
자세히보니슬 -픈 표 -정 이야 -　　I know I've been there be fore
강좌파트 - 4 . 후주(엔딩)부분(Outro)
2 C　Em7/B　B7　G　A
D　G　A　Bm　A
나 의 젊 -은 날 -의 사 랑 은 - - 이렇 -게 끝 -이 나 네 요

- Bounce -

조용필의 'Bounce' (2013.04) 수록곡

작사 : 조용필
작곡 : 조용필
노래 : 조용필
편곡 : GuitarCamp

Bounce

C Dm Am G C Dm Am G
Bounce Bounce 두근 대 - 들릴까봐겁나 - 한참을
C Dm Am G C Dm Am G
망설이다 - 용기를내 - 밤새워
C Dm Am G C Dm Am G
준 비 한순애보 - 고백해도될까 - - - - - - 처음본
F Am G F Am G
순 - 간 부 터 네모습이 - 내가슴 울 - 렁 이 게 만들었어 -

29 F Am G FM7
Ba - by You're my tram - pol ine - - - You make - me -
33 C Dm Am G C Dm Am G
Bounce Bounce 수많은
37 C Dm Am G C Dm Am G
인연과 바꾼 너인걸 사랑이
41 C Dm Am G C Dm Am G
남긴 상처들도 - 감 - 싸줄게 - - - - - - 어쩌면

Bounce

우 - 린 벌 써 알고있어 - 그토록 찾 - 아 해 맨 사 랑 의꿈 -
외 롭 게 만 하 는걸 - - You make me - - - - -
Bounce - - - - - You - make me bounce -
huh - huh - - - - - - -

Bounce

61 Am G F G
Bounce Bounce - 망 설 여 져 - 나 혼 자 만 - 의 감 정 일 까 - -
65 Am G D/F#
내 가 잘 못 - 생 각 한 - 거 라 면 - 어 떡 하 지 - - - - - 잘 -
68 F
눈 물 - 이 나 - - - - - - - 별 처 럼
71 F Am G F Am G
반- 짝 이 는 눈 망 울 도 - 수 줍 어 달 - 콤 하 던 네 입 술 도 -

Bounce
F   Am   G   F M7
내 겐 꿈 만 같 은 걸 - - - You make - me - - - - - Bounce -
강좌파트 - 4 . 후주(엔딩)부분(Outro)
F   Am   G   F   Am   G
우 - 린 벌 써   알 고 있 어 - - -   그 토 록 찾 - 아 헤 맨   사 랑 의 꿈 -
F   Am   G   Am   G   D(add9)/F#
외 롭 게 만   하 는 걸 - - -   어 쩌 면 우 - 린 벌 - 써
외 롭 게 만   하 는 걸 - -
F M7
You make - me -   oh - You make - me - -

- Officially Missing You -

Tamia의 'More' (2004.04) 수록곡

작사 : Tamia
작곡 : Tamia
노래 : Tamia
편곡 : GuitarCamp

강좌파트 - 1 . 인트로부분(intro)

Officially Missing You

CM7   Bm7   Em7   Am7   C/D
-- hey, ba-by Said it stays on my mind - And I - - I'm o - ffi-cial-ly All I do is - Well - I

GM7   F#m7   B7   Em7   Dm7   G13
lay around, - - 2 ears - full of tears - From look-ing at your face - on the wall (face - on the wall) Just a week a -

CM7   Bm7   Em7   Am7   B7sus4
go - you were - - my ba - by Now I don't ev-en know you - at all, - I don't know - you - at all - Well, I

CM7   Bm7   Em7   D
wish that you would call me right - now - - - So that - I could get through to you some how - - - But I guess it's safe to

강좌파트 - 2 . 노래부분

Officially Missing You

can't no-bo-dy do it like you - - Said e-very li-ttle thing you do-
(Ooh)
- - - hey, ba-by Said it stays on my mind - - And I - - (And I - -) I'm o - ffi-cial-ly - It's o-ffi
cial Hoo, - U know that I'm mis-sing you, - - yeah, - yes - All I hear is
- rain - drops- - oh, - yeah - - And I - - - - - - I'm o - ffi-cial-ly mis-sing you - - -

강좌파트 - 4 . 후주(엔딩)부분(Outro)
G M7
F#m7
B 7
E m7
Dm9
G 13
C M7
B m7
E m7
A m7
C/D

- 여수 밤바다 -

버스커 버스커의 '버스커 버스커 1집' (2012.03) 수록곡

작사 : 장범준
작곡 : 장범준
노래 : 버스커버스커
편곡 : GuitarCamp

● 강좌파트 - 1 . 인트로부분(intro)

● 강좌파트 - 2 . 노래부분(첫번째)

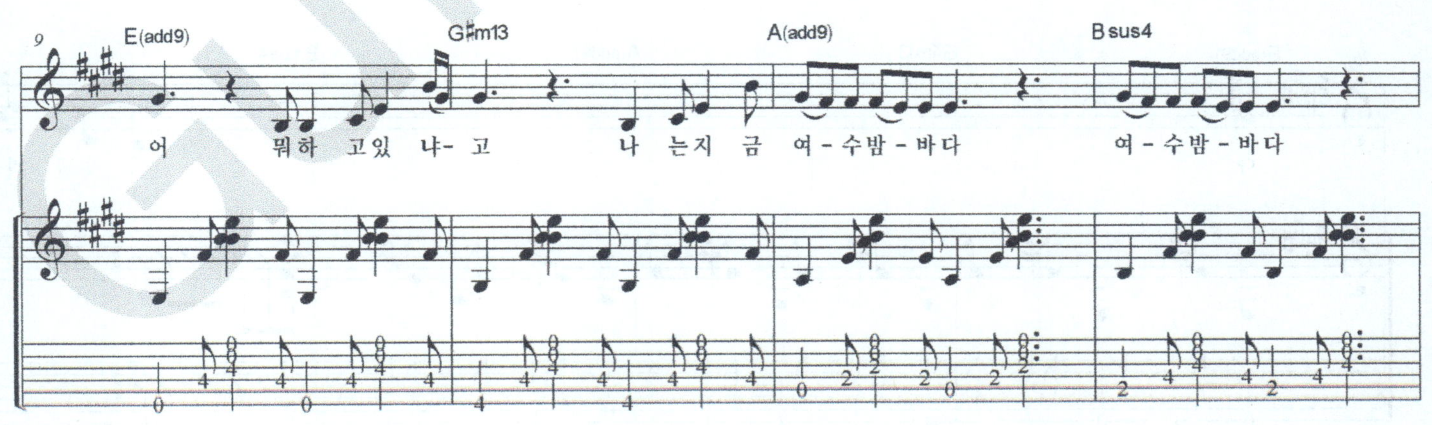

여수 밤바다

아 － － － － － － 아 － － 아 － －
너 －와함께 걷고싶 다 이바다를 너 －와함께 걷고싶 어 이거리를
너 －와함께 걷고싶 다 이바다를 너 －와함께 걷고싶 어 여 수밤 바

다 여 수밤 바

E(add9)
G#m13
A(add9)
Bsus4
다 이바 람에 걸린 알 수없 는 향-기가-있어 네게 전-해주-고파 전활 걸-
E(add9)
G#m13
A(add9)
Bsus4
어 뭐하 고있 나 고 나 는지 금 여-수밤-바다 여-수밤-바다
A(add9)
G#m13
F#m11
A(add9)
G#m13
C#sus4
C#
아 - - - 아 - 아 - -
F#m11
G#m13
A(add9)
F#m11
G#m13
A(add9)
너 -와함께 걷고싶 다 이바다를 너 -와함께 걷고싶 어 이거리를

여수 밤바다

F#m11
G#m13
A(add9)
F#m11
G#m13
C#sus4
C#
너 -와함께 걷고싶 다 이바다를 너 -와함께 너와함 께- -오 바

A(add9)
G#m13
F#m11
E
다 이조 명에 담 긴 아 름다 운 애-기가-있어 네게 들-려주-고파 전활 걸-

A(add9)
G#m13
F#m11
E
어 뭐하 고있 나 고 나 는지 금 여-수밤-바다 여-수밤-바다 아, 바

A(add9)
G#m13
F#m11
E
다 - - -하- - -하- - -

여수 밤바다
5/통기타
A(add9)
G#m13
F#m11
E
허 - - - - 허 어 - - - -
A(add9)
G#m13
F#m11
E
A(add9)
G#m13
F#m11
E
A(add9)
G#m13
F#m11
E
뭐하 고있 나 고 나 는지 금 여 - 수밤 - 바다

- Im Yours -

작사 : Jason Mraz
작곡 : Jason Mraz
노래 : Jason Mraz
편곡 : GuitarCamp

Jason Mraz의 'I'm Yours' (2008.05) 수록곡

강좌파트 - 1 . 인트로부분(intro)

강좌파트 - 2 . 노래부분

I'm Yours

G#m
E
fell right through the cracks   now I'm trying to get - back   before the
B
F#
cool done run out I'll be   giving it my best - est nothing's going to
stop me but di - vine interven - tion I -
G#m
E
reckon it's again my turn -   to win some - or   learn - some but
B
F#
I - won't hesi --ta - te   no more - no

G#m
E
more - it can - not - wait I'm yours - - - - -
B
F#
- - umm - - - - umm -
G#m
E
- - - - -
B
F#
well open up your mind and see - like me   open up your plans and damn you're free

G#m
E
ah look into your heart — and you'll — find   love   love — — love — love
B
F#
listen to the music of the moment people dance — and — cing   were just one big fa — mi — ly
G#m
E
and it's our God — for sa — ken right to be loved — — love — —
C#/F
loved   love   loved — —   so — —

I - won't hesi - ta - - te no more - no -
more - it can - not - wait I'm sure - - - there's no
need - to com - pli - - cate our time - is -
short - this is our - fate I'm yours - - - - - Doo

I'm Yours

way too long - checking my tongue in the mirror and bending over back wards try to see it clear er but
just to
my breath fogged -up the glass - and so I drew a new face and laughed - - - - - I
guess what i'm a saying is there ain't no better reason to rid your self of va-ni-ty and just go with the seasons it's
what we aim - to do our - name is - our vir - tue but

I'm Yours

I - won't hesi - ta - - te no more - no -
more - it can - not - wait I'm your - - - - - -
I - won't hesi - ta - - te no more - no
- - - I'm open up your mind and see like me open up your plans and damn you're free
more - it can - not - wait I'm yours - - - - -
- a look into your heart - and you'll - find - - the sky - is your - - - - s

need - to com - pli - cate our time - is -
Please don't Please don't Please don't There's no need - to com - pli - cate - cause our time
short - this is our - fate I'm yours - - - -
- is short - - this oh this oh this is out fate I'm yours - - - -
<Add Lib> Dara da da - - - - -
Doo -

140
G#m
E
144
B
F#
148
G#m
E
B
S
S
S

- 사랑 빛 -

씨엔블루의 'Blue Love(EP)' (2010.05) 수록곡

작사 : 정용화
작곡 : 정용화
노래 : 씨엔블루
편곡 : GuitarCamp

♩ = 69

● 강좌파트 - 1 . 인트로부분(intro)

AG. 1

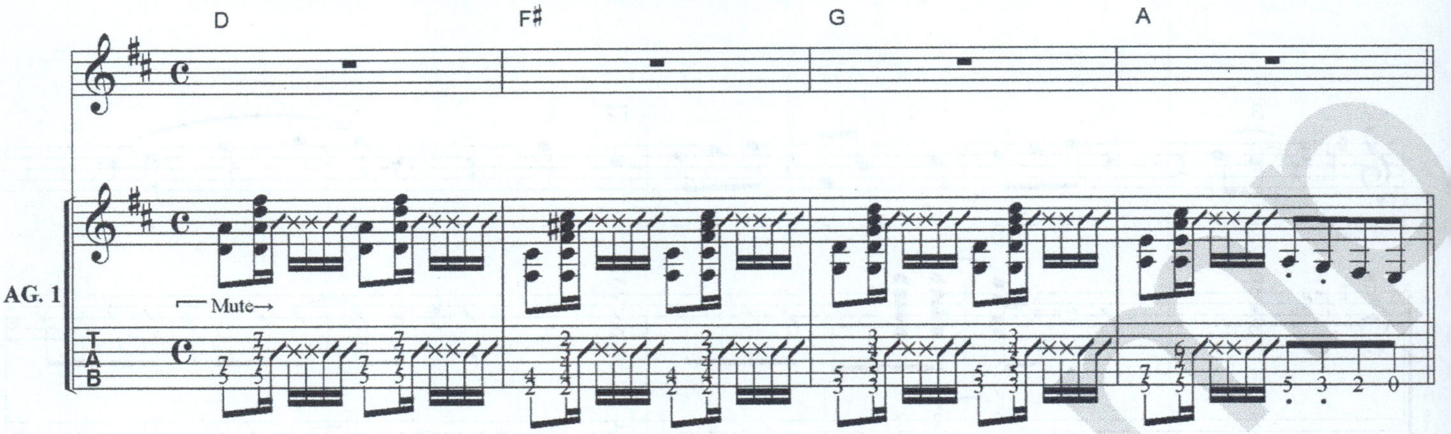

● 강좌파트 - 2 . 노래부분(첫번째)

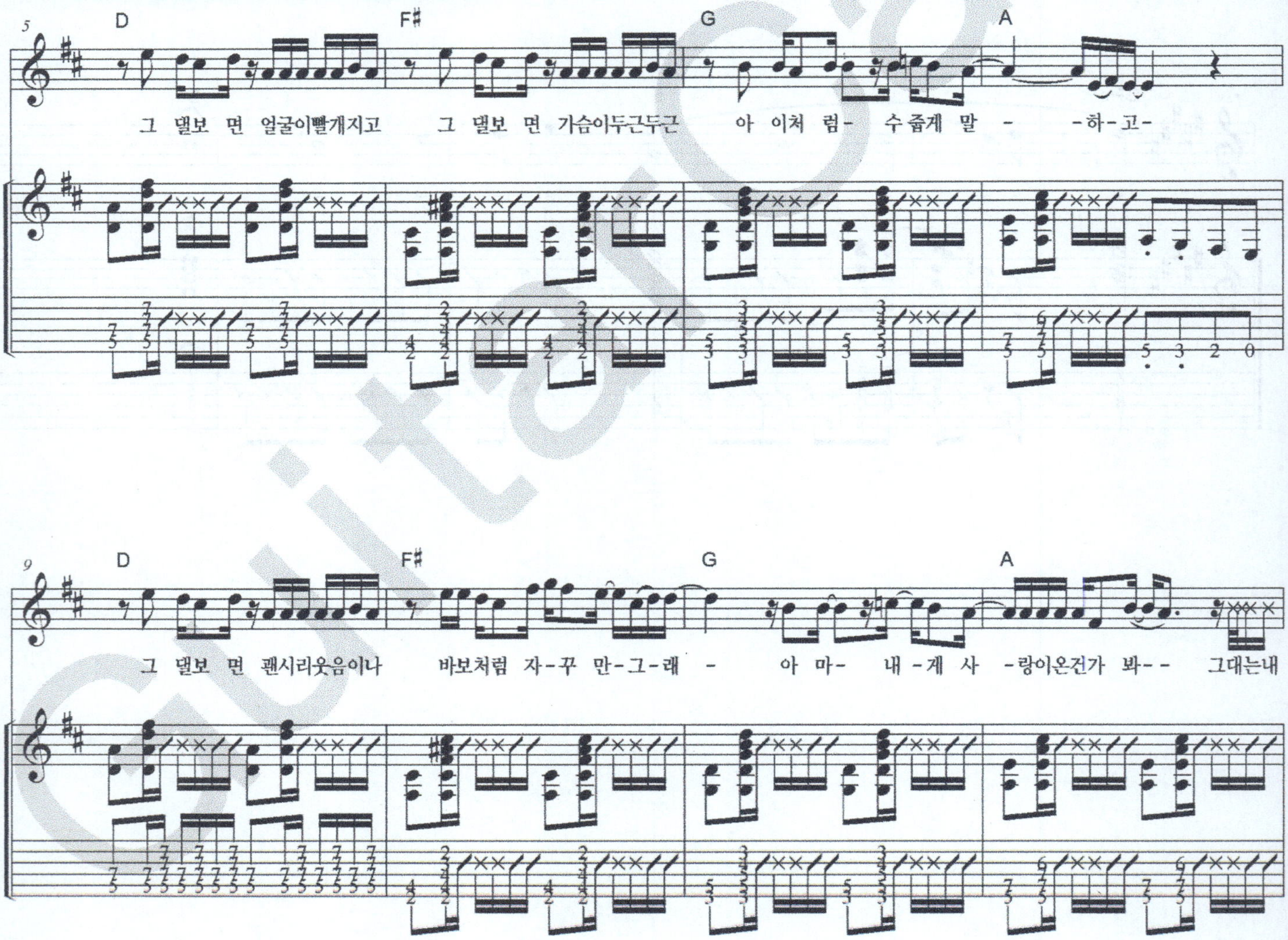

사랑 빛

마음속의 president 내가슴의 별 수놓지 I'm Genie for you girl 내숨을 멎게하지 그대가 원하는건 다 너를사랑하니까 내 사랑에
이유는 없잖아 you know 그대는 Dar - ling - 밤하늘별빛보다 아 름다 - 워 요 - 내맘속
깊은 곳에서 반짝거 리는 나 만 의사 - 랑 빛 그대를사랑해요 dar - ling - 언제나내곁에서
빛 을내 - 줘 요 - 매일밤 바라 보고 바라 봐도 아 름다 - 워 요 그댄나의사랑빛 -

그 말보 면 구름을나는기분 유치해도 자-꾸 만-그-래 - 아 마- 내-게 사 -랑이온건가 봐--

- 다다 다다다다다다 -다 다- 다다다다다 - 다다다- 다다다다다 - 우 - 그대는

love - ly - 저하늘햇살보다 눈 이부-셔 요 - 내맘속 어둔 곳까지 밝게비 추는 나 만 의사 -랑 빛 그대를사랑해요

사랑 빛

- 일어나 -

김광석의 4집 '김광석 네번째' (1994.06) 수록곡

작사 : 김광석
작곡 : 김광석
노래 : 김광석
편곡 : GuitarCamp

● 강좌파트 - 1 . 인트로부분(intro)

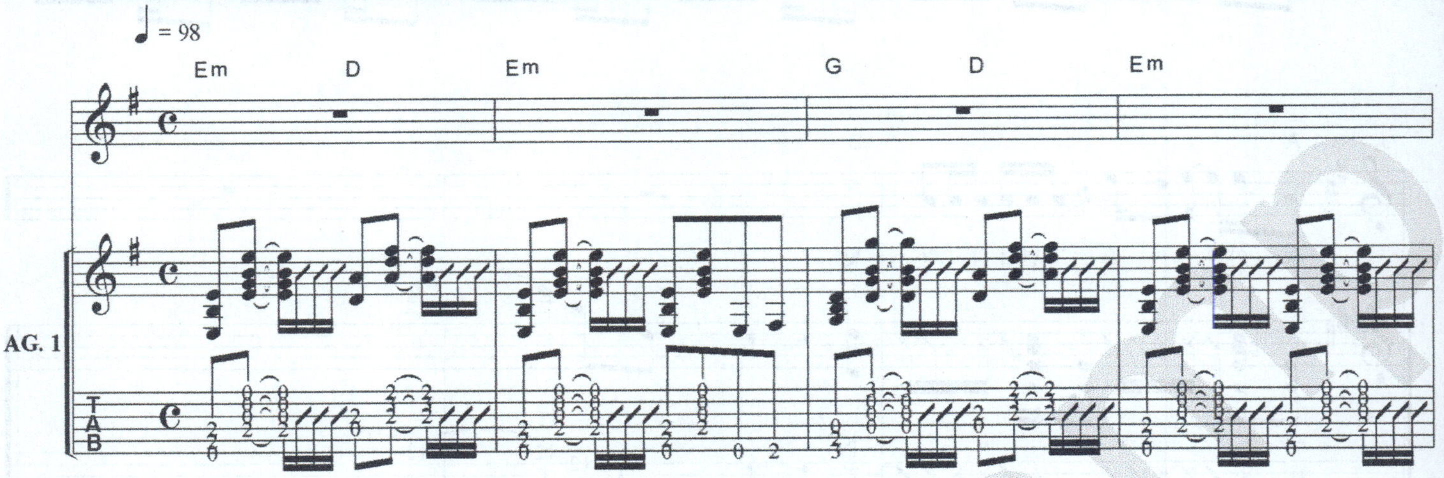

♩ = 98

| Em | D | Em | | G | D | Em |

AG. 1

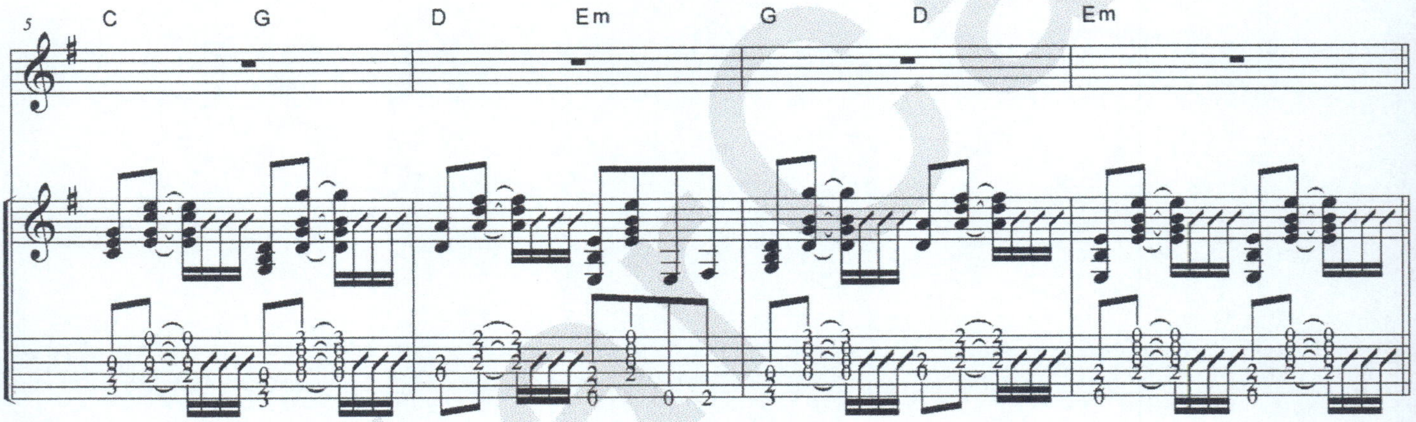

| C | G | D | Em | G | D | Em |

● 강좌파트 - 2 . 노래부분

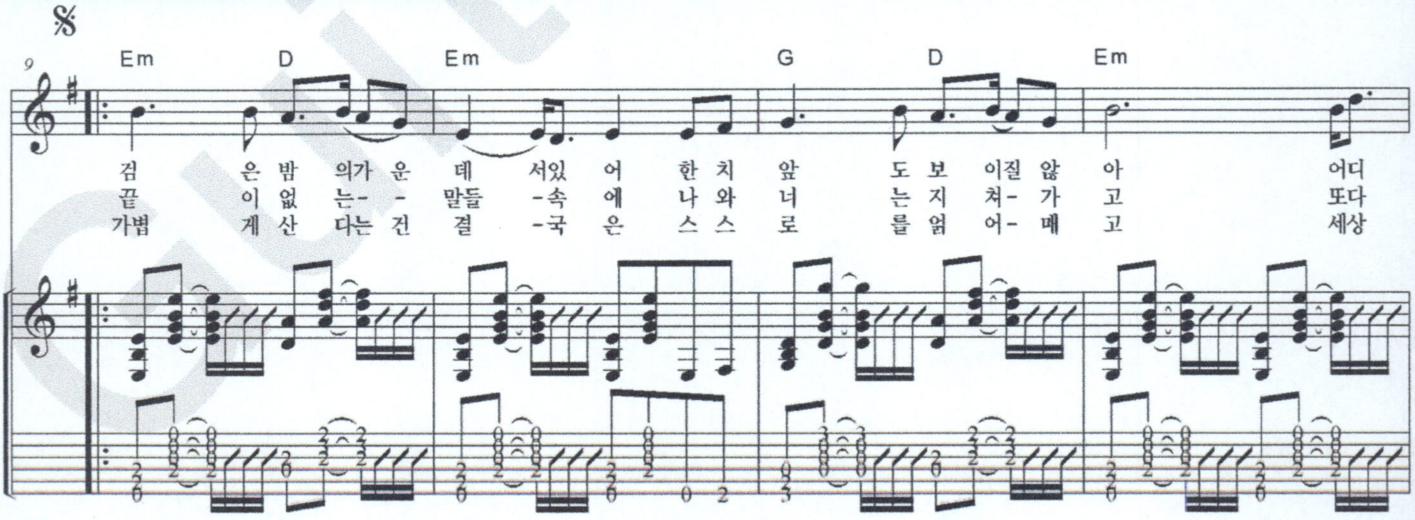

| Em | D | Em | | G | D | Em |

검은 밤 의가 운 데 서있 어 한 치 앞 도 보 이질 않 아 　 어디
끝 이 없 는－－ 말들 －속 에 나 와 너 는 지 쳐 가 고 　 또다
가볍 게 산 다는 건 결 －국 은 스 스 로 를 얽 어－매 고 　 세상

일어나

13
C G D Em G D Em
로 가야 하나 어디 에 -있을까 둘러 봐라 도 소 용없 었 지
른 행동 으로 또 다른 -말들 로 스스 로 를 안 심시 키 지지
이 외면해 도 나는 어 --차피 살아 살 아 있 -는 -걸

17
Em D Em G D Em
인생 이란 강 물위 를 뜻 -없 이 부초 처 럼떠 다니 다 가 어느
인정 함이많 을수 록새 로움 은 점점 처 터 멀어 --지 고 그저
아 름다 운-- 꽃일 -수 록 빨리 시 들어 --가 고 햇살

21
C G D Em G D Em
고 요한 호수 가 에 닿 -으 -면 물과 함 께썩 어가겠 지지 일어
왔 다갔다 가 시 계명 추 와-같 이 매일 매 일혼 들리겠 지지
이 비치 면 투 명 한 던이슬 도 한순 간 에말 라버리 지지

강좌파트 - 3 . 후렴부분

25
C G D Em
나 일어 나 다시한 번해 보는거 야 일어

To Coda
29
C   G   D   Em
나   일어 나   봄의 새 싹들 처 럼   <D/S time> 일 어

33
Em   D   Em   G   D   Em

37
C   G   D   Em   G   D   Em

D.S. al Coda

41
C   G   D   Em
나   일어 나   다시 한 번해 보는거 야   일어

일어나

● 강좌파트 - 4 . 후주(엔딩)부분(Outro)

사랑합니다

김태훈 작사
SKY 작곡
이재훈 노래

이재훈의 'Miracle Volume.1' (2004. 4) 수록곡

● 강좌파트 - 3 . 후렴부분

18 | C | /D /E | F | Dm | G | C

사　랑　당신을 사랑합니다 -　세상이 우릴- 갈라- 놓을지- 라도 - - - -　나의

22 | C | /D /E | F | Dm | G | **To Coda** | 1 C

사　랑　당신을 사랑합니다-　내 삶이끝- 날지　라도 -

26 | 2 C | G | Em | Am | F | C | Dm | G

- 기억 해-요　당신 만을- - -　나 사랑할-게 요-　나 언제까-지 나- - - -　나의

D.S. al Coda

● 강좌파트 - 4 . 후주(엔딩)부분(Outro)

31 | C | Dm | G | C

- 영원히 당신- 을 사랑합니다 -

- 옛사랑 -

이문세의 7집 '옛사랑' (1991.09) 수록곡

작사 : 이영훈
작곡 : 이영훈
노래 : 이문세
편곡 : GuitarCamp

● 강좌파트 - 1 . 인트로부분(intro)

● 강좌파트 - 2 . 노래부분(첫번째)

옛사랑

바람 불어와- 옷깃을 여미우다- 후회가 또화가 난 눈물이- 흐르네 누
가 울어도- 아플 것 같지 않던 지나온 내모습 모 두 거짓- 인걸- 이
제 그리운 것 은- - 그리-운대로 내맘에 둘거 -야 - 그
대 생 각이- 나 면- - 생각-난대 -로 내버려 -두듯 -이- 흰
사

A E F#m C#7 D A Bm E
눈 나 리면- 들판 에 서 성 이다- 옛 사 람 생각에 그 길 찾아- 가 지 광
랑 이 란게- 지겨 울 때 가 있지- 내 맘에 고독이 너 무 흘러- 넘 쳐 눈
A E F#m C#7 D A F#m Bm E A
화 문 거 리- 흰눈 에 덮 여 가고- 하 얀 눈 하늘 높이- 자 꾸 올라- 가네
녹 은 봄날- 푸르 른 잎 새 위엔- 옛 사 랑 그대 모습- 영 원 속에- 있네
1 A C G Am E F C
Dm G C G Am E

옛사랑

길 찾아 - 가 지 광 화 문 거리 - 흰눈 에 덮 여 가고 - 하

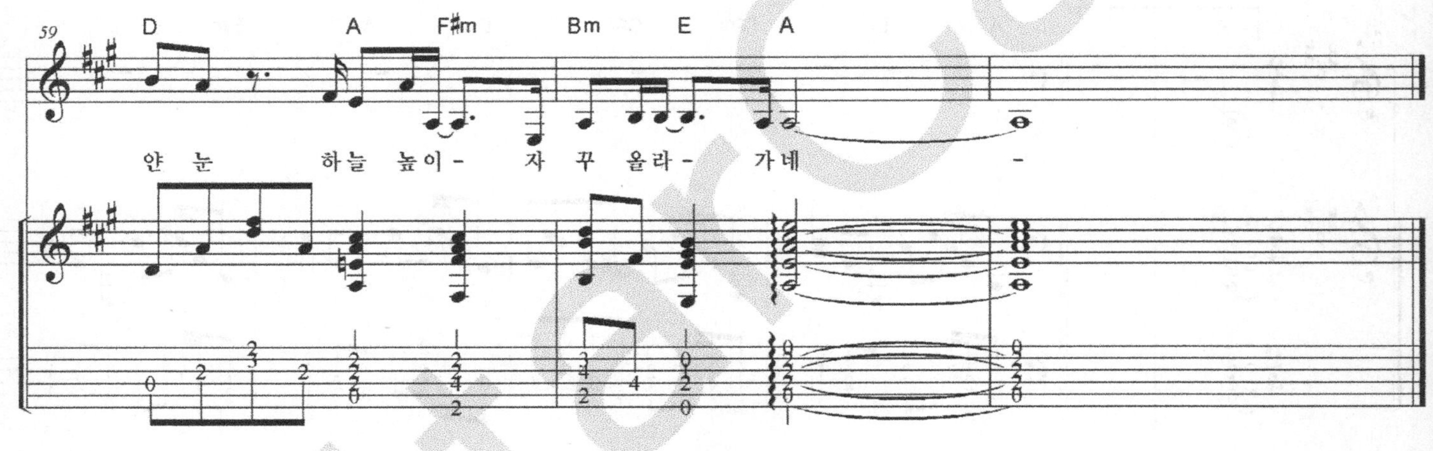
얀 눈 하늘 높이 - 자꾸 올라 - 가네 -

- 언젠가는 -

작사 : 이상은
작곡 : 안진우
노래 : 이상은
편곡 : GuitarCamp

이상은 5집 'Darkness'(1993) 수록곡

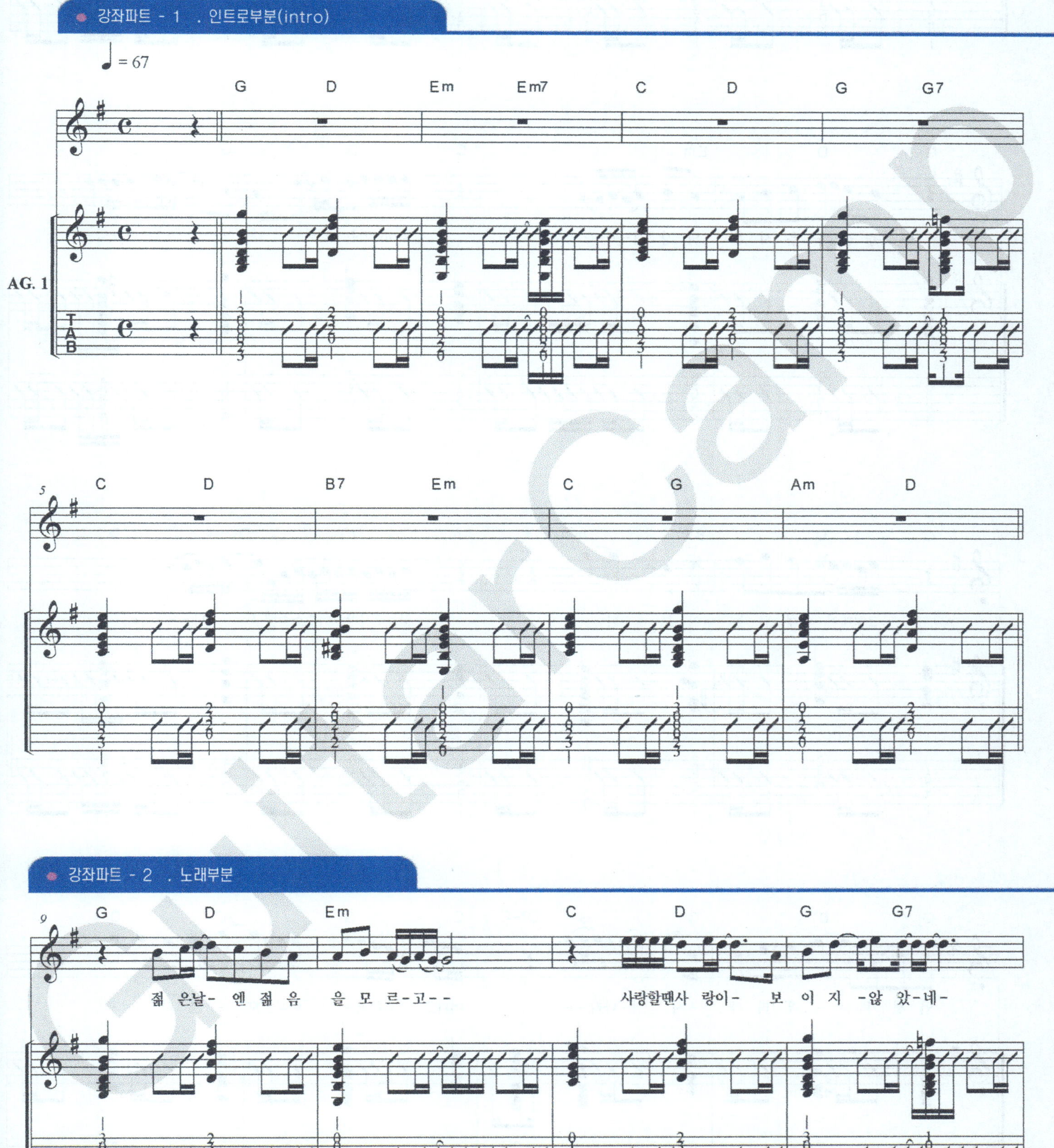

2/통기타
언젠가는
하지만이-제 뒤 돌 아 보 니- 우린젊고서로사랑을-했구 --나--
눈 물같-은시 간 의 강 위-에-- 떠내려가는 건한- 다 발 의 -추 --억-
그렇게이-제 뒤 돌 아 보 니- 젊음도사랑도아주소중했구 --나--
언 젠 가 는-우 리 다 -시 만-나리-- 어디로 가는지- 아무도모 -르지만-

G D C G C D G
언젠가는 - 우리다 -시 만나리- 헤어진 모 - 습 이대 - -로-
C D C G Am /G Dsus4 D
G D C G Am /G Dsus4 D
G D Em C D G G7
젊은날- 엔젊은 을 잊었-고- - 사랑할땐사 랑이- 흔 해만 -보였-네-

언젠가는

C   D   B7   Em   Am   /G   Dsus4   D
하지만이- 제 생각 해보 니-   우린젊고서로사랑을- 했구 --나--

G   D   Em   /D   C   D   G   G7
언 젠 가 는 -우 리 다 -시 만-나 리--   어디로 가는지-   아무도모 - 르 지 만 -

C   D   B7   Em   Am   /G   Dsus4   D
언 젠 가 는 -우 리 다 -시 만 나 리-   해 어 진 모 - 습 이대 -   -- --- 로

G   B7   C   G   D/F#   C   G   A7   D
언 젠 가 는 -우 리 다 시 만 나 리--   어디로 가는지-   아무도모 - 르 지 만 -

G D C G C D G
언젠가는 - 우리다 시 만나리 - - 헤어진모 - 습 이대 - 로 - -
워 - - - - - 우 - - 워 - 오 - 오 - 오 - 우워 -
G D C G C D Gsus4 G

- 어느 60대 노부부 이야기 -

김 광석 '김광석 다시부르기 2' (1995)수록곡

작사 : 김목경
작곡 : 김목경
노래 : 김광석
편곡 : GuitarCamp

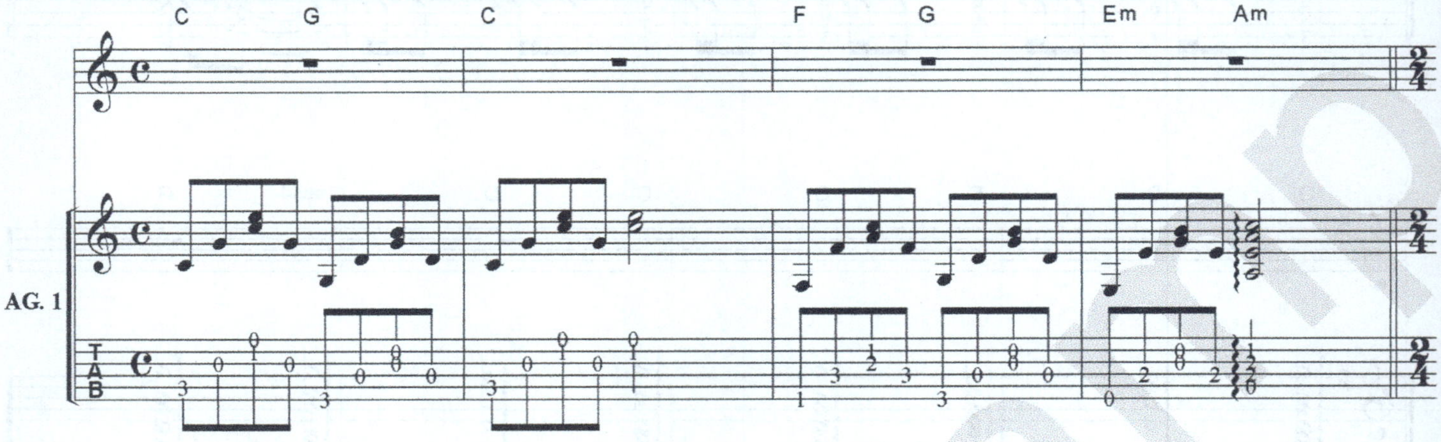

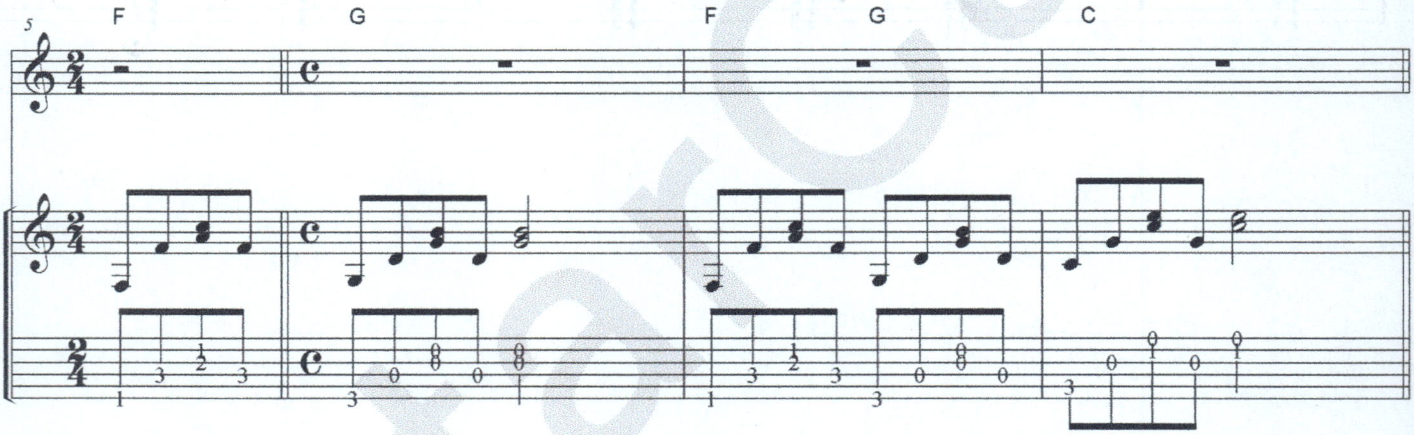

♩ = 67

AG. 1

어느 60대 노부부 이야기

은 그렇게 흘러 황혼에 기우는데
큰딸아이 - 결 혼식날 - 흘리 -던눈물 방울이 이제는 - 모두말
라 여보그눈물을 기 -억하오
다시못올 그먼길을 어찌 -혼자가 -려하오 여기

어느 60대 노부부 이야기

- Desperado -

작사 : Eagles
작곡 : Eagles
노래 : Eagles
편곡 : GuitarCamp

Eagles의 2집 'Desperado'(1973) 수록곡

Desperado

things that are plea - sing you - can these things that are plea - - don't you
draw the queen - of dia-mond boys - she'll beat you if she's a ble- you know the queen of hearts - is al - ways your best bet
- - now it seems to me - some fine-things - have been laid u-pon-your ta - ble - but you
on - ly want - the ones- you can't- get - Des - pe ra - do - Oh you ain't

- gettin' no younger   your pain and your hun - ger - - they're dri - vin' you home - -   and
freedom   Oh - - freedom - well that's just some people talk - ing -   your pri - son is walk - ing through this
your pri - son is -   don't you feel get cold in the winter time - - the
sky won't   the sun won't shine -   it's hard to tell - - then night - time from the sky - - - - - - you're

Desperado

Em   Bm   C   G   Em   A7
lo - sin' all - your highs - and low - ain't it funny how - the feel - in' goes - a - way
Am7   D7   G   Dm7/G   C   Cm
Des - pe ra - do   why don't - you come to your sen - ses   come
G   D   Em   A7   CM9   D   G   Dm7/G
down from your fen - ces - - o - pen the gate - if may be rain - in'   but there's a
C   Cm   G   B7   Em   C   Am7
rain - bow - a - bove you - you bet - ter let some - body love - you   let some - body love - you - better

Desperado
G   B7   Em   A7   6
let some - bo - dy love - - - - - be - fore it's too - - - - - late
G   G13   C   Am7(♭5)/C   G
S

- Let It Be -

작사 : John Lennon,Paul McCartney
작곡 : John Lennon,Paul McCartney
노래 : Beatles
편곡 : GuitarCamp
Beatles 의 'Beatles 1'(2000.11) 수록곡
강좌파트 - 1 . 인트로부분(intro)
강좌파트 - 2 . 노래부분
When I
find my-self - in times - of trou-ble Mo-ther Ma - ry comes-to me - Speak-ing words of wis-dom Let it be
And in my hours - dark-ness She is stand-ing bright in front of me
Speaking words of wis-dom Let it be - - - - Let it be - Let it be Let it be - -

Let It Be

Let it be - Wis-per words - of wis-dom Let it be - - - And
when the brok-en heart-ed peo-ple Liv-ing in - the world - a-gree - There will be an an-swer Let it be
- - - But though they may - be part-ed There is still a chance - that they - will see -
There will be an an-swer Let it be - Let it be - Let it be Let it be - -

Let It Be
3/통기타
Let it be - There will be an an - swer Let it be - - - - Let it be
Let it be - Let it be - - - Let it be - Wis per words of wis - dom Let it be - - -

Let It Be

Let it be
Let it be - Let it be - - - yeah Let it be - Wis-per words - of wis-dom Let it be
- - - And when the night - is clou - dy There is still a light - that shines - on me -
Shine un - till to mor - row Let it be - - I wake up to the sound - of mu - sic

Am F C G F C/E Dm C
Mo ther Ma - ry comes - to me - Speak ing words of wis dom Let it be - - - - yeah Let it be
Am G F C C G
- Let it be - Let it be - - yeah Let it be - There will be an an - swer Let it be
F C Dm C Am G F C
- - - - Let it be - Let it be - Let it be - - - yeah Let it be -
C G F C Dm C F C/E Dm C G/D C G F C
Wisper words - of wis - dom Let it be - - - -